PESTLE-АНАЛИЗ

Понимание и планирование условий ведения бизнеса

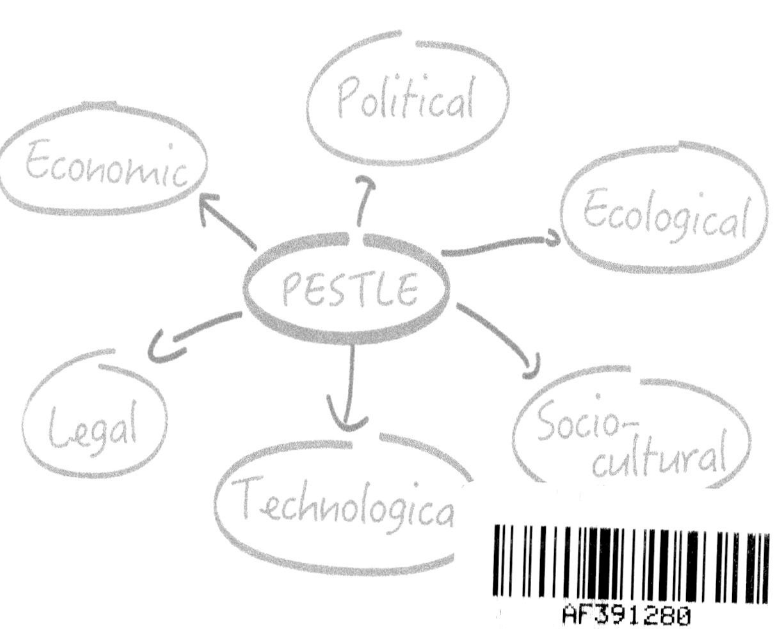

50MINUTES.com

PESTLE-АНАЛИЗ

Понимание и планирование условий ведения бизнеса

написанный Thomas del Marmol
в переводе Nastia Abramov

50MINUTES.com

PESTLE-АНАЛИЗ

КЛЮЧЕВАЯ ИНФОРМАЦИЯ

- **Имена:** PESTLE-анализ, PESTEL-анализ, PESTLE framework.

- **Применение:** анализ PESTLE позволяет менеджеру определить ключевые макроэкономические факторы, которые могут оказать влияние на будущее развитие бизнеса.

- **Почему она успешна?** Определение будущих макроэкономических переменных, которые могут представлять интерес, и построение различных сценариев позволяют менеджеру лучше предвидеть стратегические решения, необходимые для обеспечения надлежащего развития и устойчивости бизнеса.

- **Ключевые слова:**

  - <u>Конкурентное преимущество</u>: актив, который позволяет организации положительно выделиться и опередить своих конкурентов в определенном секторе.

  - <u>Конкурентная стратегия</u>: методология, реализуемая с целью максимизации успеха бизнеса за счет инноваций и больших преимуществ по сравнению с конкурентами.

  - <u>Экономическая ситуация</u>: общее положение субъекта, определяемое всеми его политическими, экономическими и социальными элементами.

- Поворотная переменная: элемент решающей важности, который может сильно повлиять на развитие компании.

- Сценарий: вероятный теоретический прогноз на ближайшее или отдаленное будущее.

КОМПАНИЯ И ЕЕ ОКРУЖЕНИЕ

Наше современное общество, характеризующееся постоянно меняющейся средой, во многом отличается от того, каким оно было раньше. Адаптация к меняющейся и конкурентной среде сегодня стала необходимостью для любого руководителя, желающего удержать свой бизнес на плаву и помочь ему процветать в ближайшие годы. Окружающая среда (макроэкономический аспект) на деле доказала, что она является источником как возможностей, так и угроз для любой компании на рынке, независимо от ее отрасли или сектора.

Поэтому подтвержденное предвидение макроэкономического явления лямбда вскоре обеспечит менеджеру прямое конкурентное преимущество, если это позволит ему эффективно реагировать раньше своих конкурентов. С другой стороны, если менеджер недооценит судьбоносное событие на рынке, он быстро окажется в борьбе с конкурентами, чьи прогнозы более полны, поскольку им придется столкнуться с их конкурентными и агрессивными стратегиями. Например, компаниям, которые вовремя не предвидели расширение и возможности, предоставляемые Интернетом, пришлось нелегко на рубеже тысячелетий.

Поскольку способность предсказывать определенные будущие события кажется залогом успеха, хорошего развития и даже, в некоторых случаях, выживания компании, всегда находятся люди, которые после изменения обстановки утверждают, что показатели все равно неизбежно двигались в этом направлении. Однако предугадать эти показатели далеко не просто, и ни у кого нет хрустального шара для предсказания будущего.

Именно в этом контексте неопределенности появился анализ PESTLE, направленный на выявление и анализ макроэкономических переменных, имеющих отношение к организации в конкретной среде.

ОПРЕДЕЛЕНИЕ МОДЕЛИ

Анализ получил название PESTLE в связи с аббревиатурой, образованной инициалами шести категорий макроэкономических переменных, включенных в модель (политические, экономические, социокультурные, технологические, правовые и экологические). Во-первых, модель позволяет менеджерам определить макроэкономические переменные, которые необходимо учитывать для развития бизнеса (возможности против потенциальных рисков), вероятность которых все еще относительно неопределенна. Затем модель может помочь менеджеру начать концептуализировать различные сценарии, основанные на этих неопределенных переменных, чтобы лучше предсказать, что может произойти, и принять правильные решения на будущее.

👁 Что такое макросреда?

Окружение организации можно разделить на три отдельных слоя:

конкурентов и рынка;

промышленность (т.е. корпоративный сектор);

макросреда, самый верхний уровень, который состоит из широких факторов окружающей среды, влияющих в большей или меньшей степени почти на все организации. (Джонсон и др., 2008).

ТЕОРИЯ

КОНТЕКСТ И КОНЦЕПЦИЯ

Происхождение анализа PESTLE остается относительно неясным. Однако некоторые авторы сходятся во мнении, что первые следы его появления можно найти в книге Фрэнсиса Дж. Агилара, *Scanning the Business Environment* (1967). В то время модель называлась PEST-анализом, что соответствует начальным категориям макроэкономических переменных: политическим, экономическим, социокультурным и технологическим.

Она использовалась и совершенствовалась в 1970-х и 1980-х годах несколькими известными авторами: Лиам Фейхи (директор консалтинговой организации Leadership Forum Inc. и профессор менеджмента в Бостонском колледже), Вадаке К. Нараянан (профессор менеджмента в Дрексельском университете) и Арнольд Браун (менеджер консалтинговых проектов) и др. Из этих различных работ появились различные расширения первоначальной модели под названиями PEST, SLEPT или STEEPLE-анализ. В конце концов, дополнительные переменные "правовые" и "экологические" были сохранены, в результате чего появилась модель PESTLE, которая является наиболее широко принятой сегодня. Однако следует отметить, что некоторые предпочитают объединять "политический" и "правовой" аспекты под единым термином "политико-правовой", создавая аббревиатуру PESTE.

Набор переменных

Поскольку это популярная и регулярно используемая модель, как для завершения бизнес-планов, производственных или маркетинговых стратегий, так и для запуска новых проектов (например, при разработке нового продукта на рынке, на который компания еще не вышла), подход должен быть конкретным.

Основной целью PESTLE-анализа является выявление неизбежных макроэкономических изменений, которые могут оказать существенное влияние на развитие компании (в отношении ее продукции, бренда или даже всей организации). Таким образом, речь не идет о проведении всестороннего исследования внешней среды: углубленный анализ макроэкономических переменных уместен только в отношении конкретной компании, чтобы она могла предвидеть изменения, которые могут произойти в ее масштабах.

Действительно, из всех макроэкономических событий, которые произойдут в ближайшие годы, только некоторые из них окажут реальное влияние на развитие компании. Поэтому руководитель обязан различать переменные, которые могут прямо или косвенно повлиять на организацию, и те, которые окажут лишь незначительное воздействие на ее устойчивость. Следовательно, руководитель нефтяной компании не будет реагировать на недавние открытия о вкладе сланцевого газа так же, как руководитель судоходной компании или владелец магазина сэндвичей!

Макроэкономические переменные классифицируются по шести различным, хотя и относительно взаимозависимым категориям.

Рис. 2 – 6 переменных анализа PESTLE

- **Политические переменные.** Политические тенденции в стране (давление правительства, денежно-кредитная политика и т.д.) существенно влияют на компанию, решившую обосноваться в ней: сформировавшиеся государственные органы принимают все больше решений, которые могут оказать непосредственное влияние на повседневную деятельность и перспективы компании в финансовом (условный процент и т.д.) и социальном (помощь в трудоустройстве, субсидии и т.д.) аспектах. Следует учитывать и другие элементы, такие как конфликты, уровень коррупции или степень государственного вмешательства. Более того, предприниматель, открывающий коммерческий бизнес в стране с вечным правительственным конфликтом, должен убедиться, что он отвечает потребностям коренных жителей, которые будут отличаться от потребностей жителей страны со стабильностью и миром. Также следует учитывать, что существуют такие органы, как Европейская комиссия и Всемирная торговая организация (ВТО), которые регулируют политику международной торговли.

- **Экономические переменные.** Хотя компании практически невозможно изменить экономическую ситуацию, она, безусловно, может провести подготовительную работу, чтобы лучше справляться с колебаниями. Наблюдение за динамикой ВВП страны, налоговыми ставками и ростом покупательской способности населения окажется решающим фактором для получения всех факторов, необходимых для принятия управленческих решений. Экономический успех бизнеса также предполагает наблюдение за ключевыми показателями, относящимися к данному сектору, и анализ потребительских тенденций. Таким образом, предвидение значительного снижения покупательной способности позволяет компании адаптировать общую стратегию для минимизации потерь.

- **Социально-культурные переменные.** Знание характеристик населения (демографических, возрастного распределения и т.д.) для понимания его покупательского поведения необходимо для завоевания рынка. Более того, история (корни и традиции), а также религиозные и социокультурные влияния (мода, СМИ, средства коммуникации и т.д.) позволяют компании уточнить свой анализ специфических потребностей соответствующих лиц. Например, потребности граждан средиземноморских стран во многом отличаются от потребностей их коллег из стран Балтии в силу их культуры, климата, в котором они живут, или их религии.

- **Технологические переменные.** Сегодня многие эксперты заняты работой во всех уголках планеты, стремясь революционизировать существующие процессы. В то время как некоторые из этих открытий вряд ли повлияют на целевой рынок, другие способны полностью перевернуть привычные представления. Интернет-революция стала неожиданностью для многих менеджеров, и те, кто предвидел рост его использования, получили значительное конкурентное преимущество. Поэтому кажется естественным исследовать практику НИОКР (научно-исследовательских и опытно-конструкторских работ) и инноваций в выбранной сфере (основной деятельности) компании. Постоянная переоценка продукта, а также процессов, связанных с его подготовкой и приобретением потребителем, является ключом к успешному технологическому наблюдению.

- **Юридические переменные.** Быть в курсе нормативных актов (трудового законодательства, законов о торговле и т.д.) в стране, где находится или будет находиться компания – поскольку законодательство в разных странах разное – сегодня является одним из лучших способов защитить компанию от возможных юридических нападок и действовать наилучшим образом в рамках правовых ограничений. Например, правила, касающиеся ношения оружия, не одинаковы в каждой стране, и любой проницательный торговец, желающий работать в этом секторе, быстро адаптирует свою коммуникацию и распространение в соответствии с законодательством, действующим в данной стране. Налоговые льготы также могут заставить хорошо информированного менеджера склониться в пользу одних стран, а не других.

- **Экологические переменные.** XXI век стал продолжением XX, поставив окружающую среду и устойчивое развитие в центр дебатов как никогда ранее. Тревожное изменение климата, постоянно растущее загрязнение окружающей среды, сортировка отходов, которая варьируется от страны к стране, и т.д.: сегодня эти аспекты интересуют и волнуют все больше и больше людей и тех, кто ими руководит. Эта озабоченность иногда имеет прямое влияние на коммерческий мир. Контроль за использованием энергии или уровнем загрязнения окружающей среды – вот два примера многочисленных мер, принимаемых региональными, национальными и/или международными органами власти. Они могут повлиять на ход деятельности организации. Между тем, создаются новые рынки: например, в случае с органическими продуктами.

В таблице ниже приведена сводка основных макроэкономических переменных для каждой выявленной категории. Этот неполный список должен быть дополнен в соответствии с корпоративным сектором и конкретными странами каждой компании.

Определение поворотных переменных

Основная сложность упражнения заключается в определении соответствующих переменных в отношении конкретной компании. Если сортировка проведена некачественно, есть риск получить в итоге столько информации, что невозможно уделить должное внимание каждой из них и, следовательно, упустить возможности или надвигающиеся угрозы. Поэтому очень важно определить поворотные переменные, чтобы лучше понять важнейшие предстоящие события для компании.

Поворотные переменные – это "факторы, которые могут существенно повлиять на структуру отрасли или рынка" (Johnson et al, 2008: 64). Эти переменные, соответственно, отличаются в зависимости от типа отрасли и рынка – хотя некоторые утверждают, что все компании сталкиваются с одинаковыми угрозами, поскольку глобализация рынков продолжает расти и постоянно создаются органы, регулирующие международную торговлю. Более того, они меняются с течением времени, что приводит к постоянному пересмотру используемых данных. Будь то вкусы потребителей или экономическая ситуация, работа в нестабильной среде заставляет менеджера регулярно консультироваться, обращаться за исследованиями рынка или выходить "в поле", чтобы проверить актуальность этих переменных.

Построение сценариев

После сбора, идентификации и классификации данных на основе поворотных переменных, в соответствии с их вероятностью и потенциальным влиянием, менеджеру предстоит построить сценарии. Они представляют собой возможные альтернативы будущего компании. Например, одна из поворотных переменных сектора недвижимости напрямую связана с ипотечными ставками, позволяющими частным лицам делать свои инвестиции. В этом случае руководитель строительной компании будет представлять себе различные сценарии: один, при котором ставка немного повышается, второй, при котором она сильно снижается, третий, при котором она стагнирует, и т.д.

ПРЕИМУЩЕСТВА ИСПОЛЬЗОВАНИЯ МОДЕЛИ PESTLE

Хотя анализ PESTLE не претендует на предсказание будущего, он, тем не менее, оказывается полезным для начала проактивных и конструктивных дискуссий о будущем компании. Правильное использование этого инструмента позволяет выявить потенциальные возможности и угрозы для компании, которые могут быстро превратиться в значительное конкурентное преимущество. Модель PESTLE благоприятствует всесторонному взгляду, возможности сделать шаг назад и определенной гибкости.

Использование сценариев особенно полезно при наличии небольшого количества поворотных переменных с высокой степенью неопределенности. Они могут привести к двум радикально различным вариантам развития событий для компании, и от менеджера зависит правильное определение ответов на каждый из них и, прежде всего, их потенциальный вклад в эффективность деятельности компании. В зависимости от различных описанных сценариев можно предугадать идеальные реакции в случае реализации любого из них. Также имеет смысл количественно оценить вероятность наступления каждого сценария, чтобы заранее подготовить элементы, необходимые для успеха компании в наиболее вероятном сценарии.

После того как различные сценарии определены, руководитель и его консультанты должны тщательно проанализировать каждый из них, оценить вероятность их реализации и непосредственное влияние, которое это окажет на компанию.

ПРАКТИЧЕСКОЕ ПРИМЕНЕНИЕ

СОВЕТЫ И РЕКОМЕНДАЦИИ

Сортировка и разработка информации

Сбор макроэкономических данных иногда предполагает включение информации, которая не всегда является полностью достоверной. Поэтому настоятельно рекомендуется, чтобы менеджер немедленно проверил свою базовую истину, чтобы убедиться в ее правильности. В этом случае также необходимо постоянно сравнивать собранную информацию с новыми рыночными данными.

В соответствии с классификацией, предложенной выше, многие переменные оказываются взаимозависимыми. Действительно, введение налога на загрязнение касается как правовых, так и экологических аспектов. Аналогичным образом, появление новой технологии может повлиять на определенные экономические и социально-культурные аспекты страны. Таким образом, даже если предложенная классификация полезна для менеджера, который должен сортировать переменные, она не обязательно должна применяться систематически во всех деталях. На самом деле, важность отнесения переменных к той или иной категории относительна: например, тратить часы на решение вопроса о том, относится ли фискальная политика страны в большей степени к политической, экономической или правовой категории, не представляет большого интереса. Поскольку это в первую очередь структурированный метод перечисления различных макроэкономических влияний на компанию, реальная задача заключается в определении релевантности этих данных и их потенциального влияния на организацию. Для облегчения сортировки информации также может быть полезно провести сравнение с прошлыми событиями, оказавшими влияние на данный сектор.

Построение сценариев дает комплексное представление о возможных будущих ситуациях, но в любом случае не должно проводиться слишком конкретно: анализ PESTLE не пытается диктовать конкретные рекомендации, а скорее инициирует обсуждение возможных стратегических решений, которые следует принять в случае реализации ситуации, описанной в одном из сценариев. Обычно рекомендуется выбирать четное количество сценариев (два или четыре), чтобы избежать соблазна отдать предпочтение промежуточному сценарию.

Приложения

Существует множество случаев и ситуаций, когда анализ PESTLE уместен:

- **Запуск нового бизнеса.** Создание бизнес-плана, необходимого для убеждения акционеров инвестировать в компанию, требует использования стратегических инструментов для демонстрации тщательного анализа рынка и его потребительской привлекательности. В этом контексте анализ PESTLE может доказать инвесторам, что макроэкономическая среда благоприятна для развития компании на рынке, или, если это не так, по крайней мере, обратить их внимание на то, что компания осознает переменные риски и есть способ их компенсировать.

- **Разработка новых продуктов или запуск новых проектов.** Аналогичным образом, анализ PESTLE позволяет менеджеру оценить, готова ли окружающая среда принять новый продукт на рынке. Решение о реализации нового проекта также может стать предметом детального анализа.

- **Переоценка организации компании.** Решения, принятые при создании компании, могут быстро устареть в условиях постоянной эволюции большинства рынков. Действительно, вкусы населения могут быстро меняться, экономические условия колеблются, появляются новые технологии и т.д. Стратегию компании необходимо постоянно пересматривать, регулярно обновляя анализ PESTLE и другие диагностические инструменты с учетом последних событий.

- **Процесс принятия решений по маркетинговой стратегии.** Знание макроэкономических переменных сектора, особенно на социокультурном уровне, может иметь решающее значение для правильного общения с аудиторией. Каковы культурные нормы региона? Какова история страны? Эти вопросы помогут избежать дорогостоящих ошибок во времени и деньгах для компании, желающей, чтобы ее продукт был принят частью населения.

Экстраполяция

Собранные переменные будут интерпретироваться по-разному в зависимости от опыта и образования тех, кто их анализирует. Экономист не будет воспринимать последствия смены правительства так же, как юрист или социолог.

Поскольку взаимодействие экспертов позволяет оптимально предвидеть последствия вновь выявленной переменной, становится важным работать с нужными людьми.

Анализ сектора

Подготовительная работа, проведенная с помощью анализа PESTLE, помогает руководителю принять соответствующие решения в данной области, те, которые обеспечат устойчивость компании. Они будут иметь прямое и косвенное влияние на процессы и работу всех членов организации.

Поэтому решения, принятые на основе анализа PESTLE, должны быть доведены до сведения всей организации, чтобы сплотить коллектив вокруг общего видения, которое будет понято и принято всеми. Поддержка всей организации, возможно, является одним из главных ключей к успеху в отношении решений, принятых на основе анализа PESTLE. Реализация принятых решений, касающихся повседневной деловой жизни, будет облегчена.

ТЕМАТИЧЕСКОЕ ИССЛЕДОВАНИЕ

Бельгийская почтовая группа (bpost)

В 1790 году в Бельгии появилось муниципальное почтовое отделение. Ее деятельность постоянно развивалась, пока она не превратилась в публичное акционерное общество bpost, которое мы знаем сегодня. Хотя реформа 1963 года, обязавшая каждый дом иметь почтовый ящик, дала настоящий толчок развитию обычной почты, с начала 2000-х годов компания столкнулась с новыми проблемами. Появление новых средств связи и все более популярное использование Интернета несколько изменили ситуацию в секторе, где раньше доминировала бумага. Более того, если раньше bpost монополизировала рынок почтовых услуг, то в 2011 году открылась конкуренция, которая вновь пошатнула привычные для bpost режимы работы.

Именно в этих условиях компания решила запустить в 2013 году новую услугу – *Shop and Deliver* или "bpost by appointment", цель которой – доставка покупок на дом клиентам в соответствии с заказами, сделанными заранее на сайте. Для этого компания стремится установить партнерские отношения с уже зарекомендовавшими себя на рынке торговцами, чтобы удовлетворить максимальное количество людей. Таким образом, Bpost опирается на существующие долгосрочные доверительные отношения с заинтересованными сторонами: с одной стороны, компания предлагает продавцам среду, подобную платформе электронной коммерции, позволяющую им охватить людей, делающих покупки в Интернете, а с другой стороны, клиенты bpost mail пользуются услугой доставки покупок на дом в будние дни с 17:00 до 21:00. Они могут выбрать свои товары в Интернете и выбрать место и время доставки по единой цене 9,95 евро за посылку.

Выполненный анализ PESTLE

Как говорилось выше, при принятии решения о запуске нового проекта целесообразно использовать анализ PESTLE, чтобы полностью понять все нюансы будущих макроэкономических переменных. В данном случае соответствующие переменные, выбранные для этого анализа, относятся к запуску проекта *Shop and Deliver,* который bpost хочет реализовать.

Построение сценариев

После определения неизвестных переменных менеджер будет строить различные сценарии, чтобы предугадать вероятное развитие этих переменных и их влияние на компанию. Учитывая большое количество переменных, собранных для данного тематического исследования, мы сосредоточимся на построении четырех сценариев для социокультурных переменных.

Успех проекта зависит как от принятия услуги широкой публикой, так и от расширения продаж через электронную коммерцию. Выполнение этих двух условий основывается на ряде неисчислимых аспектов, поэтому необходимо построить различные сценарии. На приведенной ниже диаграмме показаны различные сценарии развития компании в зависимости от материализации переменных.

Отныне компания может предусмотреть все возможные варианты развития событий: менеджер должен быть готов наилучшим образом отреагировать на каждый сценарий и предложить индивидуальные решения в случае его возникновения.

Заключение

- В заключение следует отметить, что хотя bpost остается компанией, в основном принадлежащей бельгийскому государству, с годами она приобретает все большую независимость, так что она больше не может выживать за счет государственной помощи или своих активов, что полностью стимулирует ее к высокой конкурентоспособности.

- Основной бизнес компании страдает от плохого имиджа, а также от снижения активности из-за множества неблагоприятных факторов. Компания заинтересована в использовании технологического мастерства и своей прибыльности (17,96% нормализованной маржи EBIT в 2013 году) для проведения ряда стратегических диверсификаций, включая *Shop and Deliver,* чтобы подготовиться к изменениям в образе жизни потребителей, которые все чаще используют электронную коммерцию для совершения покупок.

- Деятельность компании *"Магазин и доставка"* обеспечит дополнительный доход, позволяя диверсифицировать источники прибыли. Предложение по проекту было одобрено руководством: в настоящее время он находится на стадии разработки и будет запущен в ближайшие месяцы. Только время покажет, приведет ли этот проект к успеху или удручающему провалу.

- Хотя использование анализа PESTLE действительно уместно в данном случае, оно остается недостаточным. На самом деле, этот анализ должен быть дополнен всесторонним исследованием сильных и слабых сторон компании для выявления ее основных активов в стремлении к интеграции в окружающую среду и прибыльности: угрозы и возможности (SWOT-анализ), а также открытость рынка для конкуренции (анализ пяти (+1) сил Портера) должны быть должным образом рассмотрены, чтобы избежать упущения каких-либо аспектов и получить наилучшие прогнозы.

ВЛИЯНИЕ

ОГРАНИЧЕНИЯ И КРИТИКА

Хотя эта модель очень популярна среди бизнес-менеджеров, анализ PESTLE, как и любая другая стратегическая модель, тем не менее, имеет свою долю ограничений.

- **Относительное глобальное видение.** Одно из главных ограничений на самом деле является результатом одного из самых популярных преимуществ модели: желая охватить широкий спектр макроэкономических переменных, менеджер может быстро оказаться перегруженным количеством информации, с которой он неизбежно сталкивается. На самом деле, существует огромная разница между подчеркиванием важности сортировки соответствующих макроэкономических переменных и выполнением этого на практике. В определенный момент все переменные кажутся важными, а количество сценариев, которые необходимо построить, настолько велико, что сам Стив Джобс с трудом смог бы сделать соответствующие выводы! Для определения поворотных переменных не всегда достаточно быть компетентным. Иногда необходимо иметь хорошую интуицию и подвергать ее сомнению: например, окружить себя многопрофильной командой, способной развивать коллективный разум, и рассчитывать на удачу. Тем не менее, на удачу можно повлиять, если работать скрупулезно и анализировать как можно шире.

- **Ненадежные сценарии.** Ситуации на практике часто отличаются от теоретических, и то, что предсказывается, не всегда совпадает с реальностью. С этой точки зрения инструмент кажется полезным, но не обладает конкретной надежностью.

- **Отсутствие объективности.** Было замечено, что многие менеджеры предпочитают реализовать три отдельных сценария для переменной поворотного пункта: оптимистичный, пессимистичный и средний сценарий. Хотя такая тактика создает у менеджера впечатление, что он максимально объективен при разработке стратегии, в действительности это часто заставляет его игнорировать два других сценария в пользу среднего сценария. А что толку в построении нескольких сценариев, если в конечном итоге нас интересует только один из них?

- **Воздействие, которое невозможно оценить количественно.** Наконец, имейте в виду, что хотя с помощью этой модели можно определить основные макроэкономические изменения, которые могут повлиять на рынок, о конкретном влиянии этих переменных на сектор по-прежнему трудно судить и еще труднее оценить количественно.

СВЯЗАННЫЕ МОДЕЛИ И РАСШИРЕНИЯ

Поскольку анализ PESTLE касается только одного из трех уровней окружения организации, анализ, основанный только на его переменных, не может считаться релевантным для разработки стратегии компании.

Хотя сначала диагностика PESTLE кажется интересной (для выявления основных тенденций в макросреде), ее следует дополнить другими инструментами, изучающими близкое окружение организации, то есть ее макросреду: отрасль, прямые конкуренты и так далее. В дальнейшем анализ пяти (+1) сил Портера и SWOT-анализ завершают осмысление стратегии компании.

Анализ пяти (+1) сил Портера

Анализ пяти (+1) сил, разработанный американским профессором Майклом Портером в 1979 году, позволяет проследить привлекательность отрасли и определить ее конкурентное поведение. Модель основана на концепции конкурентного преимущества. Поэтому именно менеджер должен наблюдать за основными конкурентными силами в отрасли, чтобы понять и лучше оценить силу каждого из существующих и потенциальных конкурентов.

 **ЧТО ТАКОЕ КОНКУРЕНТНОЕ ПРЕИМУЩЕСТВО?**

В основе концепции конкурентного преимущества лежат "все характеристики или атрибуты, которыми обладает продукт или бренд и которые дают ему определенное превосходство над ближайшими конкурентами. Эти характеристики или атрибуты могут быть различными по своей природе и относиться к самому продукту [...], необходимым или дополнительным услугам, которые сопровождают основную услугу, или условиям производства, распределения или продаж продукта или компании" (Lambin and de Moerloose, 2008: 250).

Эти силы представляют:

- переговорная сила поставщиков

- переговорная сила клиентов

- угроза появления новых участников

- продукты-заменители

- межотраслевая конкуренция

- роль государства (включена позже).

Задача оценки соответствующих сил лежит на руководителе: его цель — определить текущую и будущую привлекательность отрасли, то есть перспективы развития и эффективность своего бизнеса. Как правило, анализ пяти (+1) сил Портера завершается определением ключевых факторов успеха, которые позволяют оптимально развивать компанию.

SWOT-анализ

Разработанный в 1960-х годах несколькими профессорами Гарвардской школы бизнеса, SWOT-анализ направлен на то, чтобы сделать основные выводы из интересующих факторов, связанных с характеристиками компании и окружающей средой. Название модели является результатом аббревиатуры, образованной словами "Сильные стороны", "Слабые стороны", "Возможности" и "Угрозы". Таким образом, в обязанности лица, принимающего решения, входит определение основных сильных и слабых сторон бизнеса, а также осведомленность о возможностях и угрозах, с которыми сталкивается сектор.

Интерес к SWOT-анализу заключается скорее в его выводах, чем в перечислении характеристик предприятия и отрасли. Для менеджера выводы – это любые точки интереса и поводы для размышлений, которые позволят разработать стратегию, адаптированную к компании, в отношении как внутренней, так и внешней среды.

СБЛИЖЕНИЕ МОДЕЛЕЙ

Опытный менеджер быстро поймет преимущества взаимодополняющего использования этих моделей. Хотя по отдельности они все еще могут быть полезны, именно благодаря пересечению и наложению информации между ними могут быть сформулированы основные рациональные стратегические решения.

Анализ среды проходит несколько этапов, в ходе которых реализация определенных моделей влияет на построение последующих моделей. Хотя сбор информации может быть утомительным, анализ среды необходим для любой компании, желающей сохранить устойчивое конкурентное преимущество.

РЕЗЮМЕ

- Первые следы анализа PESTLE появились в 1967 году в книге *"Сканирование деловой среды"* профессора Фрэнсиса Дж. Агилара под названием PEST-анализ. Изучаемая и развиваемая многими авторами, она впоследствии превратилась в модель PESTLE в том виде, в котором мы знаем ее сегодня.

- Основными целями PESTLE-анализа являются классификация макроэкономических переменных по шести категориям—Политическая, Экономическая, Социокультурная, Технологическая, Юридическая и Экологическая — и принятие шага назад, что необходимо для предвидения и обеспечения будущего конкретной компании.

  - Наблюдение за этими данными позволяет понять, в какой среде развивается бизнес или будет развиваться в будущем. Этот глобальный и макроэкономический взгляд действителен для всех компаний.

  - Основная сложность модели заключается в сортировке соответствующих переменных в зависимости от рассматриваемого бизнеса. Их сбор приводит к выявлению поворотных переменных, которые, как считается, оказывают решающее влияние на здоровое развитие компании, но вероятность которых все еще остается неопределенной.

  - Используется ли PESTLE-анализ непосредственно перед запуском новой компании, для запуска нового продукта или проекта, реорганизации компании или при столкновении с неизбежными изменениями в окружающей среде, он предоставляет значительную информацию о присущих данной ситуации поворотных переменных. Таким образом, используя свои наблюдения, руководитель построит несколько сценариев (желательно четное число) на основе собранной информации. Цель состоит в том, чтобы лучше предвидеть будущие ситуации, с которыми компания может столкнуться, и предложить решения, обеспечивающие устойчивость и будущее компании.

- Анализ PESTLE позволяет начать активное обсуждение будущего компании на основе собранных ранее макроэкономических переменных.

- Использовать его в одиночку интересно, но недостаточно. Анализ пяти (+1) сил Портера и SWOT-анализ могут оказаться полезным подспорьем в анализе бизнес-среды (микросреды).

- Случай с компанией bpost демонстрирует важность анализа того, благоприятны ли условия для запуска нового проекта, когда компания сталкивается с меняющейся средой.

- Наконец, важно помнить, что анализ PESTLE является ценным инструментом, хотя он и не может с уверенностью предсказать будущее. Однако он позволяет компаниям выявить основные тенденции, чтобы лучше подготовиться и защитить свои конкурентные преимущества.

ДАЛЬНЕЙШЕЕ ЧТЕНИЕ

БИБЛИОГРАФИЯ

AWT. (2013) *L'e-commerce 2013 en Wallonie*. [Online]. [Accessed 11 May 2015]. Доступно из Internet Archive: < https://web.archive.org/web/20131202084750/ http://www.awt.be/web/dem/index.aspx?page=dem,fr,b13,ent,050>.

Bpost. (2013) *Годовой отчет Bpost за 2012 год*. Брюссель: Bpost.

Curau, L. (2012) Avantages concurrentiels : les cinq forces de Porter. *Cafedelabourse.com*. [Online]. [Accessed 11 May 2015]. Available from: < https://www.cafedelabourse.com/dossiers/article/avantages-concurrentiels-les-5-forces-de-porter#>.

Дкоста, А. (2011) История и применение анализа PESTLE. *Bright Hub Project Management*. [Online]. [Accessed 11 May 2015]. Доступно с: < http://www.brighthubpm.com/project-planning/100279-pestle-analysis-history-and-application/>.

Duguay, B. (2014) La capacité stratégique. *UQAM*.

Джонсон, Г., Скоулз, К., Уиттингтон, Р. и Фрери, Ф. (2008) *Стратегия*. [8-е издание]. Париж: Pearson Education.

Каши, К. и Дочкаликова, И. (2014) Методы MCDM на практике: Определение важности критериев анализа PESTEL. *Международные дни статистики и экономики*. [Online]. [Accessed 11 May 2015]. Available from: < http://

msed.vse.cz/msed_2014/article/362-Dockalikova-Iveta-paper.pdf>.

Lambin, J-J. и de Moerloose, C. (2008) *Marketing stratégique et opérationnel. Du marketing à l'orientation de marché.* [7-e издание]. Париж: Dunod.

Лопес, Ф. (2011) L'analyse PESTEL. *Actinnovation.* [Online]. [Accessed 11 May 2015]. Доступно по адресу: < http://www.actinnovation.com/innobox/outils-innovation/analyse-pestel>.

Надкарни, С. и Нараянан, В. К. (2007) Стратегические схемы, стратегическая гибкость и производительность фирмы: модераторская роль часовой скорости отрасли. Журнал стратегического менеджмента. 28(3), pp. 243-270.

PESTLEAnalysis. (2014) *Что такое пестле-анализ?* [Online]. [Accessed 11 May 2015]. Доступно по адресу: < http://pestleanalysis.com/>.

Портер, М. Е. (2008) Пять конкурентных сил, формирующих стратегию. Harvard Business Review. 86(1), pp. 25-40.

Post&Parcel. (2012) *Bpost расширяет испытания одно-дневной доставки на дом.* [Online]. [Accessed 11 May 2015]. Available from: < http://postandparcel.info/52078/news/companies/bpost-extends-same-day-home-delivery-trials/>.

Шривастава, Р. К., Фейхи, Л. и Кристенсен, Х. К. (2014) Ресурсно-ориентированный взгляд и маркетинг: Роль рыночных активов в достижении конкурентного преиму-щества. Журнал менеджмента. 27(6), pp. 777-802.

ДОПОЛНИТЕЛЬНЫЕ ИСТОЧНИКИ

Агилар, Ф. Дж. (1967) *Сканирование деловой среды.* Нью-Йорк: Макмиллан.

сайт *bpost*. http://www.bpost.be/site/fr/postgroup/index.html

Сайт *Happycapital*. http://www.happy-capital.com/

Сильва, Н. (2012) SWOT-анализ против PEST-анализа и когда их использовать. *Creately.* [Online]. [Accessed 11 May 2015]. Доступно с: < http://creately.com/blog/diagrams/swot-analysis-vs-pest-analysis/>.

Walsh, P. R. (2005) Dealing With The Uncertaintainties of Environmental Change by Adding Scenario Planning to The Strategy Reformulation Equation. *Management Decision.* 43(1), pp. 113-122.

Юксель, И. (2012) Разработка многокритериальной модели принятия решений для анализа PESTEL. *Международный журнал бизнеса и менеджмента.* 7(24).

Мы хотим услышать от вас!
Оставьте комментарий о вашей онлайн-библиотеке
и поделитесь своими любимыми книгами в социальных сетях!

50MINUTES.com

IMPROVE YOUR
GENERAL KNOWLEDGE
IN THE BLINK OF AN EYE!

www.50minutes.com

Издательство гарантирует достоверность опубликованной информации, что, однако, не может повлечь за собой его ответственность.

Мастер ISBN: 9782808601436

Бумажный ISBN: 9782808602884

Легальный депозит: D/2022/12603/289

Цифровое оформление: Primento,
цифровой партнер издателей.

www.ingramcontent.com/pod-product-compliance
Lightning Source LLC
LaVergne TN
LVHW010842200726
843508LV00012B/2700